AF337985

ÉCOLE
RÉPUBLICAINE

DE

LA RÉPUBLIQUE CONSERVATRICE

IMPRIMERIE EUGÈNE HEUTTE ET Cᵉ, A SAINT-GERMAIN.

ÉCOLE
RÉPUBLICAINE

DE LA

RÉPUBLIQUE CONSERVATRICE

PAR

ÉMILE SAUVAGE

Il est plus aisé de dire des choses
nouvelles que de concilier celles
qui ont été dites.

(VAUVENARGUES.)

XI

PARIS

LIBRAIRIE UNIVERSELLE ET BIBLIOTHÈQUE DÉMOCRATIQUE

GODET JEUNE

9, PLACE DES VICTOIRES, 9

1875

DE LA

RÉPUBLIQUE CONSERVATRICE

CHAPITRE PREMIER.

DES HOMMES ET DES PRINCIPES,

De la manière dont certains hommes s'agitent dans notre pays, on serait tenté de croire que la moralité du peuple, l'équité de nos lois, la sagesse de nos institutions, enfin l'honneur de la Patrie sont les principaux mobiles des partis. Mais les résultats acquis dans ces divers degrés de l'ordre moral, législatif et social prouvent qu'il n'en est rien, puisque tous ont abouti aux succès manifestes des fortunes ou des réputations usurpées de tous ces promoteurs apparents du progrès.

Ce fait, que l'expérience démontre avec une brutalité qui en découvre l'évidence, ne nous permet-il pas d'affirmer que si l'initiative individuelle est considérable chez nous, elle est cependant sans action sur notre administration générale ?

En effet, si, par initiative, on entend conception, intelligence, volonté et liberté, il est clair que la pensée politique de la France manque de tous ces attributs.

L'observation ne montre rien de plus singulier même de plus bizarre, que la formation, le développement et la direction que suit le mouvement de l'opinion politique dans cette généreuse nation.

Trois classes influent sur ce que nous appelons la science politique et sociale.

La première est celle qui pense bien, parle mal et paye tout ;

La deuxième, celle qui ne pense rien, répète bien et se contente de tout ;

La troisième, celle qui pense mal, parle très-bien et absorbe tout.

Quelle est celle de ces trois classes qui enfante l'idée, qui fera vivre le journal de demain ?

L'origine de l'idée et aussi cachée que le mystérieux personnage qui l'a conçue est insaisissable.

Dans les gouvernements des hommes, la puissance de ce personnage, aussi complexe que mystérieux, est telle que malgré toutes les résistances que lui opposent les opinions individuelles, il parvient toujours à soumettre à ses volontés l'opinion collective.

Depuis le gouvernement du 4 septembre, combien de merveilles n'a-t-il point accomplies ?

La défense nationale ;

La Commune ;

La course aux prétendants dont la Commune n'a été que les préliminaires ;

L'alliance de tous les *honnêtes gens* contre la République;

Les pèlerinages au profit des passions et des intérêts.

Avec des hommes politiques, il a fait des juges; avec des religieux, il a fait des hommes d'affaires; avec des soldats, il a fait des magistrats.

Demain, peut-être, essayera-t-il d'extraire de la nation un tribunal plus intéressé que moral, avec le jugement duquel, à son jour, il violera les principes du Droit et de la Liberté.

Pour assurer la création de ce tribunal, n'a-t-il pas inventé les arguments du jugement?

En effet, n'a-t-il pas déjà réuni les crimes commis depuis le 4 septembre par tous les partis, pour en charger les républicains; puis, pour couronner sa criminelle entreprise, n'a-t-il pas inventé un nouveau genre de conservateurs, sans toutefois le définir?

Sous le gouvernement de l'homme de décembre, un conservateur était un homme qui admettait qu'en politique il n'y avait qu'un principe, le succès.

Comme principe moral, il admettait la fortune comme une garantie certaine contre la honte; et le crime, qui faisait naître ou étendait le crédit, était toujours l'action la plus pure que pouvait favoriser l'honneur d'accord avec l'expérience.

La mémoire des hommes oubliera-t-elle cette loi promulguée par les conservateurs de ce temps d'orgueil, d'ignorance, de rapine et de corruption,

Cette loi ignomineuse qui a trouvé des avocats et

des juges et dont le but était de contraindre la conscience individuelle et publique à respecter et Bonaparte et son crime et sa pourpre?

Mais qu'est-ce aujourd'hui qu'un conservateur?

Est-ce celui qui ne veut aucun changement dans
notre économie sociale?

Est-ce celui qui ne veut aucun changement dans
l'enseigne du gouvernement?

Dans la première hypothèse, les conservateurs ad-
mettraient que nos lois, nos institutions et nos
mœurs sont parfaites, et alors leur jugement nous
prouverait la grandeur de leur égoïsme et la faiblesse de leur raison.

Dans la seconde hypothèse, les conservateurs
nous apprendraient qu'il est meilleur pour le peuple et plus honorable pour la Nation d'avoir un gouvernement sans constitution et un pouvoir politique
sans unité?

Alors ne nous montreraient-ils pas ce qu'ils enten-
dent par gouvernement honnête et honneur national?

Excepté un homme sans patriotisme, en est-il un
seul qui puisse ainsi livrer l'avenir de la nation à
des hypothèses dont les conséquences seraient l'a-
néantissement du sens moral?

Qu'est-ce donc encore une fois qu'un conservateur aujourd'hui?

Un conservateur est un agent politique équivoque que personne ne comprend et que chacun croit
connaître; cet agent, c'est Juillet ou Décembre. C'est
la monarchie restaurée ou rhabillée.

Cette équivoque ne prouve-t-elle pas l'activité de notre mystérieux personnage !aussi bien que notre légèreté en matière politique ?

Mais, si nous voulions nous convaincre de cette légèreté plus qu'aucun raisonnement ne pourrait le faire, observons les marches et les contre-marches que les intérêts de partis commandent à ceux qui devraient être les pilotes du pays.

Suivons la polémique des principaux journaux pendant le cours d'une question importante dont la solution intéresse sérieusement l'avenir de notre patrie.

Alors, comparant le langage de ces feuilles mercenaires à la pensée politique des hommes qui les lisent, nous verrons qu'en France, on écrit sur la politique comme on en parle, c'est-à-dire sans principe, sans idée raisonnable, sans but avouable.

Aussi peut-on affirmer, qu'en France, l'opinion politique est un être sans corps dont la présence n'est rendue manifeste que par les cris confus des partis excités par le volcan des passions, le journalisme.

Chacun veut une part de budget, un ministère ou une portion de ministère, le trône ou un morceau de trône et chacun ne protège ou ne défend la France ou le peuple français que pour en faire sa proie.

Les royalistes ont deux drapeaux, un de rechange, de plus un grand nombre d'hommes pour le représenter et autant d'accommodements avec les principes que les intérêts en exigent.

Les républicains n'ont qu'un drapeau, un très-petit nombre d'hommes pour les représenter; mais ils ont des sophistes en abondance et un grand nombre d'orateurs sans principes, de plus, ils ont des systèmes contradictoires.

Comment en serait-il autrement, puisque les masses veulent fonder la république sur le droit indépendant de la morale ?

N'est-ce pas plus qu'il n'en faut pour perdre la sainte cause du Droit que le peuple prétend défendre?

Aussi les discussions reposent-elles bien plus sur les personnes que sur les principes.

On attaque les royalistes pour ruiner la royauté.

On attaque les républicains pour ruiner la république.

On ne parvient qu'à ruiner le pays !

Cependant encenser la royauté, calomnier la république, qu'en reste-t-il devant les principes ?

Entre la flatterie et les insultes ne reste-t-il point de place pour la raison?

Aussi, si nous retranchons d'un journal ces deux armes de la sottise et de l'ambition, ce qui nous en restera nous permettra de comprendre pourquoi les journaux parlent.

Si donc, nous voulons juger de la République et de la monarchie, ce ne sont pas les œuvres de ceux qui font métier de vivre des malheurs de la Patrie que nous devons consulter, mais bien l'histoire des obstacles que les peuples ont rencontrés dans leur marche vers la liberté.

Pour nous préserver des plus grandes erreurs dans nos jugements sur les temps passés, gardons-nous bien de cette avalanche d'écrivains modernes, dont les œuvres sont de véritables spéculations commerciales et politiques.

Laissons-nous conduire dans nos études sur chaque siècle par des auteurs contemporains ou désintéressés; ceux-là seuls peuvent nous faire connaître l'esprit et les besoins de leur temps.

Ces lumières acquises, jugeons la monarchie dans ses origines, dans ses lois, dans ses mœurs, dans l'exercice de ses pouvoirs et voyons si elle a vraiment une part dans le progrès.

Voyons si le progrès que la malice des courtisans lui attribue, n'appartient pas à la conscience et à la raison martyrisées par les hommes et éprouvées par le temps.

Cet examen fait, demandons-nous si les peuples n'ont pas marché dans la voie du progrès malgré la puissance des rois, malgré la volonté des clergés, malgré l'esprit des cultes, malgré la corruption de tous ?

Ensuite, observons au milieu de quelles circonstances est née l'idée républicaine, dans quelles conditions elle s'est développée.

Transportons-nous à ces époques où la science ne pouvant rien, la superstition pouvait tout, à ces époques où l'histoire ne pouvait être écrite qu'avec l'approbation des rois, où la science ne pouvait être démontrée que sous la surveillance et avec l'appro-

bation du clergé, le commerce et l'industrie ne pouvaient se développer qu'avec le double consente-
ment du prêtre et du roi,

Enfin, pour conserver l'autorité et les priviléges
des uns, la honte et la misère des autres : la Bastille,
le gibet, l'exil, l'inquisition.

L'oppression était donc établie en principe et
toutes les forces du pays convergeaient vers deux
foyers : le trône et l'autel.

C'est sous ce double protecteur de l'égoïsme que
les philosophes du XVIIIe siècle ont dû faire entendre
leur voix, et c'est sous la surveillance d'un pouvoir
inquiet, jaloux, égoïste que devaient naître dans la
science sociale et politique, les idées de justice et de
liberté!

Dans un tel état de choses, aurons-nous sujet
d'être surpris si l'idée républicaine représentant le
droit dut trouver d'abord pour disciples tous les
opprimés?

Aurons-nous le droit de reprocher aux opprimés
leurs excès ou leur incapacité, si l'histoire prouve
que leurs excès et leur incapacité ont eu pour cause
l'égoïsme orgueilleux de ceux qui défendaient les
lois et les institutions qui perpétuaient leur misère?

Quel sera notre jugement sur l'énergique réveil
de la Nation, si l'histoire nous démontre que les
causes de l'avilissement des peuples avaient leur
origine dans l'ignorance systématique que les écoles
clérico-monarchiques ne répandaient que pour

assurer des sujets aux pouvoirs tyranniques et absolus?

Avant.de louanger le bourreau, ne faut-il pas juger la victime?

Le peuple s'est souvent révolté; il a été aussi souvent vaincu.

Pourquoi s'est-il révolté?

Pourquoi a-t-il été vaincu?

Les succès d'un tyran suffisent-ils pour juger les élans d'un peuple?

Non, pour juger le peuple, il faut définir le droit, et voir si le peuple a agi pour ou contre les règles que le Droit impose.

Représentons-nous et comprenons bien ce que la conscience entend par le Droit en soi, et demandons-nous si le droit est un privilége acquis ou s'il est un caractère inné et essentiel à notre nature?

Selon que nous répondrons à cette question, nous jugerons l'esprit général des appréciations données à toutes les dates par des écrivains que la philosophie de l'histoire nous montre plus souvent inté-ressés que sincères.

En effet, si le droit est un privilége, il est relatif dans son origine et il appartient à la classe sociale la plus puissante. Alors, quels que soient les caractères d'une monarchie, elle a le droit de régner par le fait même qu'elle existe, et tout attentat à son exercice est une action juste en soi, mais qui cependant peut être punie par les lois dont l'autorité est aussi contestable que le droit qu'elles protégent.

Mais alors le seul principe social qui fait naître et conserve le droit est la force, et, comme le dit le bon La Fontaine :

La raison du plus fort est toujours la meilleure.

Alors c'est l'anarchie la plus immorale que les mœurs, les lois et les intérêts appellent l'ordre.

La conscience humaine disparaît dans sa nature et n'est plus qu'un incertain résultat dû à l'action d'une somme d'instincts et de sensations contraires.

On voit immédiatement quelles sont les conséquences anti-morales, anti-sociales d'un tel jugement sur la nature du droit.

Or les hommes qui placent le droit sous le protectorat de la force rejettent les conséquences désastreuses d'une telle erreur, et de cette contradiction en politique naissent toutes les contradictions sociales, morales et religieuses que nous observons dans les sociétés catholico-monarchiques.

Admettons-nous que le droit est inné, que, sans lui, l'homme cesse d'être une créature libre? alors le droit de révolte contre l'iniquité des abus appartient à l'opprimé et le droit insurrectionnel est la seule sauvegarde de la dignité de l'âme humaine.

De sorte que tout pouvoir qui par ses lois, par ses institutions, par sa discipline, par son administration conteste aux peuples le droit de révolte contre l'iniquité est un pouvoir arbitraire et tyrannique.

Donc tout homme qui protége et défend un tel pouvoir n'est ni magistrat, ni prêtre, ni soldat, c'est un esclave ou un homme sans principe et sans conscience. En effet le droit social a le même but, les mêmes attributs et le même caractère que le droit individuel, c'est-à-dire qu'il tend sans cesse à la réalisation des idées, à l'application des principes du Juste, du Vrai et du Bien : trois principes qui n'en font qu'un : *l'Égalité*.

Or quelle est la psychologie des pouvoirs?

Leur but d'action, traduit par les lois, par les institutions, par les mœurs, nous révèle-t-il une action continuelle vers l'égalité ou une action active et puissante vers les distinctions, les différences, caractères primordiaux de l'égoïsme?

Notre mouvement vers l'égalité a-t-il pour point initial l'égoïsme ou le droit?

Est-ce aux rois ou aux peuples que nous devons ce mouvement en avant de la civilisation?

Les réponses à ces questions sont trop manifestes pour souffrir le doute. Donc la volonté intelligente du peuple seule est juste, seule est vraie; par suite elle est la seule qui impose le respect parce que seule elle exprime le droit inséparable de l'âme humaine.

Peuples et droit ne font qu'un.

Ainsi, dans tout changement dans un gouvernement, ce qu'il faut considérer avant tout c'est l'état moral du peuple, car c'est par les excès et les iniquités du pouvoir passé qu'il faut juger des réformes présentes.

En effet, ce sont les institutions qui précèdent qui donnent naissance à celles qui suivent.

Donc ce n'est que par une étude raisonnée des temps qui précèdent que l'on peut travailler d'une manière fructueuse à l'avenir de la république.

C'est en étudiant consciencieusement l'état moral du peuple à différentes dates, que nous pourrons comprendre les progrès que nous avons accomplis vers la liberté et la marche que nous devons suivre pour transformer notre enseignement religieux qui est seul responsable de nos lois et de nos mœurs.

En effet, c'est par l'enseignement de la morale que l'homme doit étudier l'immutabilité de son droit, et c'est encore par l'enseignement de la morale que l'homme doit apprendre à repousser l'oppression ou l'iniquité des lois.

Plus nous réfléchirons, plus nous nous convaincrons que les vérités morales sont les seules qui peuvent faire comprendre à l'homme la grandeur de sa dignité, et que tant que l'homme ignore cette dignité, il ne peut être que l'esclave ou le soutien de l'iniquité. Or si l'homme ignore cette dignité, qui faut-il en accuser, sinon l'Église et l'école, c'est-à-dire le prêtre.

La première partie de notre invincible révolution a fait connaître et aimer les droits de l'homme, la seconde partie de cette époque mémorable consiste à faire connaître à l'homme ses devoirs et à les lui faire aimer.

En effet, pour être républicain il faut être pénétré

de cette vérité fondamentale : sans devoir pas de droit et réciproquement, car cette vérité seule renferme tous les principes de cette législation qui anéantira à jamais le règne de la tyrannie.

La mission des républicains de nos jours consiste donc à montrer à tous les hommes combien la connaissance du devoir est importante pour revendiquer non leurs droits, mais les droits de l'homme, droits sans lesquels l'homme n'est plus qu'une créature déshonorée.

Elle consiste surtout à diriger et à développer dans le peuple cette féconde capacité politique que 89 a fait naître dans l'esprit de la nation. En démontrant à tous que tant que le peuple a ignoré ses droits, il a été la chose des pouvoirs politiques et religieux, et que tant qu'il méconnaîtra ses devoirs, il sera la dupe des partis parce qu'il ne sera qu'un être ignorant, superstitieux et passionné.

En effet, l'oppression s'exerce-t-elle sur des hommes qui ignorent leurs droits parce qu'ils ignorent la grandeur de la dignité humaine? Le pouvoir les forme et les conserve ignorants et superstitieux, il ne les domine que pour les avilir.

Tel est le spectacle que présente la psychologie des peuples sous l'action des systèmes théologico-monarchiques.

S'exerce-t-elle sur des hommes ignorants, mais qui, cependant, veulent vivre libres?

Alors les abus du pouvoir font naître les passions, à celles-ci se rattache nécessairement l'impiété.

Or l'impiété est immorale, donc le droit sera revendiqué par des hommes qui rejettent les principes sacrés et éternels sur lesquels il repose.

Tel est le tableau que présente la France depuis 1789.

De sorte que l'on peut affirmer que le dernier résultat obtenu dans la grande bataille livrée au pouvoir personnel est de voir des hommes dont les doctrines ne peuvent triompher qu'au nom de Dieu et de la loi, revendiquer la liberté, l'égalité et la fraternité sans Dieu et sans la loi.

Comparons ensuite la psychologie des hommes qui gouvernent à la psychologie des classes opprimées, et nous cesserons d'être surpris de la résistance des premiers et de la persistance des seconds.

Les royalistes ont pour eux la force, l'administration, les lois, mais ils n'ont plus de peuples.

La république a pour elle la conscience et le droit, elle exige un peuple qui veuille des lois et des mœurs dignes de l'âme humaine ; les républicains n'ont que des hypothèses, et quelles hypothèses !

Mais notre éducation et nos mœurs ont fait des républicains qui sont à la république ce que les royalistes sont à la monarchie.

Ne faut-il pas obtenir les suffrages du peuple pour devenir un jour ministre ?

Il ne s'agit de principes ni chez les uns ni chez les autres ; il faut réaliser ses ambitions, et, pour obtenir ce résultat, on cherche, non ce que l'on doit dire au peuple pour l'éclairer et le rendre libre, mais ce que son ignorance impose à ceux qui veulent défendre ou protéger ses préjugés, ses haines et par-dessus tout son impiété,

Dans une élection démagogique, car il n'y en a jamais eu d'autre comme résultat.

En effet, un monarque débauché, une cour corrompue, une noblesse orgueilleuse et un clergé hypocrite et puissant forment une démagogie théocratique plus honteuse et plus immorale que ne pourraient la réaliser tous les hommes sans foi et sans savoir, attendu que les premiers connaissent leurs devoirs, les seconds les ignorent. Les premiers parlent de la justice et de la vertu et pratiquent le crime; les seconds commettent le crime pour réaliser la vertu et la justice.

Intrigue et duplicité, telles sont les assises d'une démagogie royale.

Ignorance et amour, telles sont les assises d'une démagogie républicaine.

Or, que des électeurs soient convoqués au nom de la république ou au nom de la monarchie, le caractère des candidats, bien que d'apparences contraires, est cependant identique.

En effet, le royaliste se fonde pour gagner les suffrages sur la corruption établie par ses pères; le républicain, agissant sur un peuple dont les mœurs sont monarchiques, bien que ses volontés soient libérales, pour entraîner les suffrages, s'étaye de la même corruption.

De sorte que du côté de la monarchie, le candidat n'a qu'à soutenir les institutions régnantes et offrir à ses électeurs les garanties qu'ils exigent de ceux qui veulent défendre leur égoïsme.

Du côté des républicains, il n'importe en rien que le candidat ait plus ou moins de capacités, il suffit qu'il soit un rebut de la religion ou de la philosophie, tel que libre penseur, matérialiste, positiviste ou athée.

Comment expliquer ce défi que le jugement des masses semble adresser à la raison, à la science et à l'expérience ?

Si tenant compte de l'action immense que l'intérêt personnel exerce sur la conscience individuelle, nous considérons le travail immoral et impie que les castes royales ont tenté et tentent encore d'accomplir par l'enseignement; l'explication de ce fait d'apparence étrange devient tout naturel, car il en est bien la conséquence immédiate.

En effet, la révolution n'a été qu'un instant maîtresse des destinées, non-seulement de la France, mais de l'Europe entière; mais cet instant a suffi pour montrer aux peuples la grandeur et la force de leur droit.

Or, le corse Buonaparte, en trahissant la révolution, et voulant de l'esprit révolutionnaire créer une ère nouvelle de perversion dont il aurait été le prince, suivit l'exemple de la monarchie et voulut réaliser ses espérances par l'enseignement; vaincu à Waterloo, son successeur, le fuyard du 24 mai fit sur l'enseignement des entreprises semblables dont la solution fut la chute de Charles X.

L'épreuve est faite; la connaissance des droits de l'homme a anéanti toutes les prérogatives du droit divin.

Enfin Louis-Philippe fit par l'enseignement un travail intermédiaire dont la fin était de substituer la monarchie constitutionnelle à la monarchie arbitraire qu'on appelle légitime, mais ce principe de substitution rapprochait le peuple de 1830 du peuple de 1804.

L'université travailla sous chaque régime pour le tyran régnant.

Le clergé, fidèle au principe émané de son système religieux, tirait en sens contraire et tendait à ruiner les manœuvres d'un enseignement d'apparences libérales, en démontrant l'usurpation manifeste de tout homme régnant en dehors du droit de succession et en dehors des droits qu'il nomme la légitimité.

Ces entreprises honteuses, déloyales et perfides des pouvoirs arrivèrent peu à peu à la connaissance des masses.

L'intrigue d'en haut pénétra dans l'esprit de la nation et bientôt elle eut tous les caractères de corruption qu'exigeait le règne d'un nouveau Bonaparte.

Le roi et les prêtres, tombés depuis longtemps sous le mépris du public intelligent, virent l'impiété diriger la pensée politique des masses.

De sorte que la haine et l'impiété qui mènent l'opinion libérale des masses, sont l'œuvre d'une part, de l'enseignement religieux, qui ne laisse dans le cœur de ses adeptes que l'hypocrisie la plus raffinée pour combler les appétits insatiables d'un monde de dévorants;

D'autre part, d'un enseignement universitaire qui s'inspire de théories dont l'esprit porte l'empreinte bâtarde des doctrines théologiques sacerdotales et des doctrines rationnelles intéressées.

De là des hommes sans convictions, sans principes, qui n'attendent rien de la vertu, mais qui attendent tout du succès.

Donc, immoralité, impiété, égoïsme, telles sont les mœurs que nous devons au travail politique que le clergé et les ambitieux n'ont exécuté que pour contraindre la conscience à remonter le courant révolutionnaire, c'est-à-dire qu'ils ont poussé leur folie jusqu'à vouloir changer le chemin que Dieu a tracé de toute éternité au progrès.

Aussi ne peuvent-ils aboutir qu'à l'anarchie ou à l'empire; la communarde ou la décadence, il n'y a pas de choix.

Or, si nous voulons arriver au règne de la paix et de la liberté, il faut que nous transformions les principes de notre éducation religieuse, et l'esprit de notre enseignement universitaire, de cette manière nous pourrons ruiner l'impiété, l'immoralité et l'égoïsme qui ne menacent pas seulement nos personnes, mais notre virilité nationale et l'existence de notre patrie.

Du côté des royalistes, nous n'avons à attendre que des résistances, attendu que leurs pensées politiques sont anéanties par un enseignement religieux *ad hoc*, leur foi patriotique et leurs superstitions religieuses ne faisant qu'un.

Cette bataille livrée à la corruption appartient donc aux républicains; c'est-à-dire aux hommes qui n'ont qu'un but, le règne de la justice par l'amour des principes.

L'évolution de l'humanité a changé le caractère et la nature des lois économiques. La devise : *ad majorem Dei gloriam* n'est plus un masque, elle est une doctrine.

Mais, pour réaliser une telle doctrine, il faut des hommes sincères et dévoués, car ceux-là seulement peuvent puiser dans les principes de l'abnégation les forces nécessaires pour vaincre les ennemis de la république.

Or, ces principes n'existent et ne sont offerts que par la morale; non par cette morale aussi empirique, que systématique, aussi imagée que dénaturée, que nos tristes méthodes enseignent à nos enfants, et qui nous empêchent nous, hommes, d'en étudier et l'autorité et la beauté; mais par cette morale simple, franche, précise et parfaite qui porte dans ses applications toutes les conditions qu'exige la science et qui est si admirablement exposée dans le Décalogue et dans l'Évangile.

Là seulement est le progrès, l'avenir et la liberté.

CHAPITRE II.

DE L'HARMONIE DE L'ORDRE MORAL AVEC LES FORCES SOCIALES.

Nous avons dit que la religion dans un peuple était le véritable module de ses mœurs, et, par le mot religion, nous entendons tous systèmes, toutes doctrines qui prennent pour mesure de leurs théories un dogme.

Ce dogme est une vérité relative ou absolue, que la nature des choses impose ou que la raison reconnaît comme probable ou certaine, sans toutefois pouvoir en démontrer l'existence d'une manière positive, c'est-à-dire expérimentale.

Du dogme découlent les interprétations plus ou moins rationnelles des principes de la morale sur lesquels se fonde l'ordre relatif que l'on appelle moral.

Cela dit, il est facile de déterminer les caractères relatifs et trompeurs de l'ordre moral et social et de juger de quelle manière les esprits peuvent être disposés pour considérer les principes de désordre pour des principes d'ordre ou réciproquement; il suffit de savoir de quel esprit sont les rapports du clergé avec l'État.

En effet, la religion fait les mœurs, les mœurs

engendrent les habitudes; la religion, les mœurs et les lois constituent la personne.

Des agglomérations d'individus se réunissent-ils, se lient-ils par un pacte commun, de ce pacte naît la société.

Le caractère de ce pacte sera une vérité absolue ou relative qui résumera à elle seule le caractère, la nature, le tempérament de tous et de chacun des membres de cette société.

Le premier acte de la société sera donc d'établir simultanément les principes de sa religion ou de son culte, les lois primitives, c'est-à-dire, des lois qui établiront ou qui consolideront l'harmonie entre les individus et les applications de l'autorité sociale.

Devient-il nécessaire d'armer une société contre les ravages d'une société voisine, il faut de nouvelles lois; mais il ne faut pas que ces lois aient un nouveau caractère.

En effet, chaque membre de la société a pour premier devoir de veiller à l'intérêt général.

Les premières lois ont déterminé les limites dans lesquelles ce devoir s'exerce.

La société est-elle compromise au dehors, les membres de la société se partagent en deux ordres. L'une va combattre l'ennemi qui attaque, l'autre défend la société contre ses propres membres.

On le voit, les missions sont différentes ; le devoir est le même.

Supposez que les membres du corps social armés

contre l'ennemi reviennent vainqueurs, et n'ignorant pas quelle est la puissance d'un homme armé contre un homme qui ne l'est pas, ils renversent l'ordre primitif des choses et concentrent entre leurs mains ou entre les mains d'un d'entre eux le principe de l'autorité sociale, la même manière de faire aura lieu bientôt pour le principe politique.

Le peuple armé pour le peuple, sera devenu un peuple armé pour son maître et contre le peuple.

L'harmonie est rompue et le désordre est établi.

L'inégalité de droits a été introduite par l'inégalité de force.

La religion, les lois deviendront les instruments actifs d'une puissance aussi inique qu'arbitraire et les mœurs sociales répondront entièrement à cette corruption du principe social ; ceux qui ont la puissance veulent la conserver, les autres veulent l'envahir, et parce qu'il y a des conservateurs, il y a des révolutionnaires ; telle a été l'origine du duel social. Quelle en sera la fin ?

Faisons un examen attentif sur les forces morales de notre pays, essentiellement royaliste par les mœurs, essentiellement républicain par tempérament.

Jetons un coup d'œil sur l'esprit de la discipline militaire ; comparons les devoirs du citoyen aux devoir du soldat ; comparons les mœurs de l'un et de l'autre, et demandons-nous si l'armée est une force protectrice pour le citoyen ?

Le soldat sert-il son pays ou la loi, quelle que soit

son origine, quels qu'en soient l'esprit et le but?

Examinons avec soin notre administration judiciaire, nos tribunaux, la psychologie des juges, l'esprit de nos lois, quel est le caractère commun à chacun d'eux et qui nous frappe avant tout?

L'économie d'une institution porte en elle l'histoire de son origine.

Est-ce que l'expérience nous prouve que la fortune, le nom de l'accusé sont sans action sur le jugement?

Ou bien l'expérience prouve-t-elle que ce jugement peut se modifier, se transformer, même s'anéantir devant la position que le criminel occupe dans la société.

Certes, entre la conscience du juge et la loi, il y a une cause complexe de circonstances atténuantes, et cette cause porte en elle le vrai caractère de la loi, la clémence, sans laquelle la justice n'est qu'une puissance aveugle ou intéressée.

Mais que cette cause qui donne aux juges le droit de comparer la faute à la culpabilité, soit l'esprit, non d'un jugement particulier, mais l'élément essentiel à tout jugement.

La Clémence est le seul lien qui puisse établir l'harmonie entre les applications de la justice et l'ordre moral.

Mais si le principe social primitif repose sur l'iniquité, la Clémence ne peut être que faiblesse, égoïsme, privilége, corruption.

Supposez que les corps religieux soient associés

avec ceux qui ont violé le premier pacte social, vous trouverez dans la religion de ce peuple les mêmes erreurs, les mêmes contradictions que vous avez pu constater dans sa législation.

Et, en effet, observez l'administration et la hiérarchie des membres de l'église catholique.

Observez l'action que ce corps religieux exerce sur le corps social, sur la nature du gouvernement à l'aide de leurs écoles et de leurs prédications.

Comparez le fond de leur enseignement à la forme de leur culte, comparez leur prédication à leur constitution sociale; comparez leurs conseils à leurs actions, n'y trouverez-vous pas un monceau de contradictions qui sont dans nos mœurs un véritable levain de corruption ?

L'affaissement des caractères et notre abaissement moral. Tels sont les malheureux effets que produisent les tristes théories du catholicisme sur la conscience individuelle.

Mais n'entrons ni dans la sacristie, ni dans les considérations de l'organisation de son personnel, considéré comme corps social.

Observons seulement ce qui frappe les yeux de tous et qui ne parle qu'au cœur.

Quelles réflexions ne ferons-nous pas, quand nous verrons dans leurs églises les gradins d'une porte latérale pour l'innocence enveloppée de haillons et leurs tabernacles s'ouvrir souvent devant le crime couronné, toujours devant le capital.

Ces abus inqualifiables peuvent-ils disparaîtr

sans donner à la haine, à la jalousie qu'ils inspirent, un moyen légal relatif de vengeance?

Or, sans ces contradictions, les monarchies peuvent-elles exister?

Demander aux royalistes de les faire disparaître, n'est-ce pas leur commander de conspirer contre eux puisque c'est les forcer à se corriger?

Cependant, avec les abus que l'observation découvre dans l'exercice des forces morales de la société, la liberté est-elle possible?

La morale peut-elle être plus qu'un mot, l'honnêteté plus qu'un mensonge?

Si, dans un état, le corps religieux a d'autres intérêts que l'amour de Dieu et du prochain, la religion devient un moyen et non un but. Le moyen, c'est l'abnégation, le but est de rassasier les passions les plus brûlantes et aussi les plus perfides à la liberté.

L'idée religieuse ainsi pervertie, les mœurs sont sans principes réels et les lois qui en sont l'image portent avec elles leur tache originelle.

Or, n'est-il pas évident que le premier caractère d'une constitution sociale est l'application de l'idée de justice?

Cependant qu'est-ce que la nature de la justice sinon l'égalité?

Donc, si une loi ne punit pas les mêmes fautes de mêmes châtiments, s'il n'y a aucune harmonie entre le principe religieux et ses applications, quelle influence déastreuse n'exercera-t-elle pas sur la conscience publique?

Dès-lors, quelle influence n'exerce pas sur la conscience individuelle, un culte dont la hiérarchie, l'économie, l'administration et le cérémonial servent et développent tous les vices de notre nature contre lesquels la théorie religieuse est sans cesse armée. Quelle plus odieuse contradiction pourrait-on inventer pour ruiner le sens moral individuel ou social. La loi n'est qu'une force relative et changeante ; elle a pour mesure nos besoins reconnus par nos mœurs ; il est dans sa nature de punir les fautes ou ce qu'elle a désigné tel.

La religion est une puissance absolue dont la nature est de rejeter le coupable qui vit ou qui meurt dans l'iniquité. Elle juge les actions sans indulgence pour le succès des faits accomplis.

Elle n'est dans sa nature que justice et amour.

La loi représente une justice relative destinée à protéger la propriété de chacun aux dépens de la vertu de tous.

La loi accepte et protège l'apparence, la religion n'accepte que la réalité.

Combien d'hommes échappent aux lois ? Quel est celui qui échappe à sa conscience ?

Aussi, une république n'est-elle possible que si la religion et la loi présentent à la raison tous les caractères de l'unité et de l'harmonie.

Cette unité et cette harmonie dont tous les germes sont innés dans l'âme humaine, ne peuvent se développer que par nos méthodes d'enseignement, résultats que nous ne pouvons obtenir qu'en rejetant les faux principes qui nous ont formés et en promulguant les vérités et les méthodes qu'impose la dignité de l'âme humaine.

Notre première révolution a fait connaître au monde entier les droits de l'homme, et depuis cette époque jusqu'aujourd'hui, les trônes qu'elle a ébranlés n'ont résisté à nos élans qu'en conspirant contre la liberté.

Pourquoi leur résistance a-t-elle été active et effective?

Parce que les immortels législateurs de 89, aux prises avec un monde d'abus, n'ont vu que les droits de l'homme.

Témoins et naguère victimes des manœuvres monastiques et royales, ils ont rejeté de leur politique deux agents qu'ils considéraient, non sans raison, comme la cause première de tous les maux de la Nation.

Leur servitude, les malheurs du peuple leur permirent d'affirmer que dans la sociologie tout est raison.

Voilà la seule erreur qu'ils ont commise, grande et grave erreur qui s'est transmise de générations en générations jusqu'à nos jours, sans éprouver de modifications sensibles.

L'erreur de 89 est donc encore l'erreur du jour.

Cette erreur qui a fait naître des Bonapartes, peut encore en faire naître de nouveaux.

Si les désastres passés n'inspirent à aucun parti quelque dévouement, un républicain peut-il, sans renier ses principes, imiter ceux qui n'acceptent comme criterium que leurs passions? Non.

Donc, pour assurer l'avenir de la République, il faut que nous reconnaissions que la société n'est pas seulement un acte de raison, mais bien un acte de conscience et de raison.

Ainsi donc, conscience et science, tel est le résumé de la science sociale tout entière.

Dès lors, notre première révolution est incomplète, et ne peut être qu'une œuvre sans action radicale sur nos lois, sur nos institutions et par suite sur nos principes politiques et sur nos mœurs.

Si donc nous voulons nous rendre maîtres de cet égoïsme que nos pères ont résolu de détruire, et qu'hélas! ils ont généralisé, puisque, des débris de l'égoïsme concentré en quelques castes, ils ont fait naître cette caste générale, moins honnête et plus impitoyable, la bourgeoisie, il faut qu'aux droits de l'homme nous ajoutions les droits de la conscience.

Mais nous dira-t-on que faut-il entendre par les droits de la conscience?

Nous répondrons : les droits de la conscience ne peuvent être différents dans leur énoncé des droits de l'homme, attendu qu'ils sont par eux-mêmes indépendants de tout système, de toute doctrine, de tout culte.

Liberté, Égalité, Fraternité, voici la lettre des droits de l'homme; aucune loi, aucune institution, aucune politique, aucunes mœurs, aucune œuvre privée ou publique en dehors de la justice et de l'amour; en voilà l'esprit, c'est-à-dire la conscience.

Enfin, harmonie complète entre les droits de l'homme et les droits de la conscience, tel est pour un républicain le caractère de la vraie science sociale et politique.

La République n'est possible que si les républicains la fondent selon les principes de la vraie science sociale; vouloir la fonder en négligeant les droits de la conscience, c'est entretenir nos dissensions et les haines, c'est retirer à notre avenir politique, toute stabilité, c'est rendre la monarchie odieuse; c'est faire de la République une cause perpétuelle de malheurs publics et conduire la France du provisoire au transitoire, de la ruine à la décadence.

La monarchie peut vivre avec une moralité relative; la République ne le peut pas.

La moralité individuelle, la moralité sociale et politique, sont les seules conditions d'existence pour une République.

Or cette moralité ne peut exister si la loi, le morale et le culte ne sont pas en harmonie avec les droits de l'homme et avec les droits de l'âme.

Sans cette harmonie dans les principes et dans les conséquences de ces seuls vrais axiomes de la sociologie, la République est un rêve, la liberté un agent corrupteur, le suffrage, la ressource des intrigants, des aventuriers, le peuple, la victime de toutes les ambitions.

En effet, la moralité de la société résume presque toutes les forces vitales de la Nation ; or, cette moralité dépend bien plus de la nature des axiomes sur lesquels est constituée la discipline de son clergé, de sa magistrature et de son armée, que de la sagesse de ses dogmes, de la science de ses lois, et du nombre de ses soldats.

Or, comparons selon les préceptes de l'évangile, ce critérium unique de la saine philosophie, la discipline du clergé catholique aux principes du christianisme, le modus de nos lois aux axiomes de la morale, les devoirs du soldat aux droits des citoyens.

Si nous comprenons que l'Évangile a seul donné à la raison humaine la puissance de faire de la morale, une véritable science, nous connaîtrons bientôt les causes réelles de notre immoralité sociale.

En effet, il est une société qui ne peut engendrer que le bien quand elle s'exerce sans contradiction, mais qui peut engendrer bien des maux quand les hommes qui la représentent vivent dans les contradictions qu'exige l'égoïsme.

C'est la société religieuse. Cette société a créé Pépin et a formé les mœurs du peuple qui a vécu sous le joug de ses successeurs, de sorte que la monarchie a eu pour se faire supporter le secours des doctrines du catholicisme, la politique et la religion se sont prêté un mutuel appui.

Aussi n'a-t-on jamais compris dans notre société la liberté de conscience parce que la monarchie française, par ses origines, devait redouter cette liberté de l'homme plus qu'aucune puissance, car une fois admise, il fallait qu'elle disparût.

Or, les monarchistes connaissant la grandeur de leurs abus, comprirent bientôt que leurs privilèges ne pouvaient être supportés ou acceptés que par un peuple dont les facultés rationnelles étaient paralysées par un enseignement dogmatique, non doctrinal, mais systématique.

Aussi, la monarchie a-t-elle toujours confié l'enseignement du peuple à des hommes qui ont fait de l'école un foyer d'ignorance et de superstitions pour la société, un immense centre de corruption pour la Nation.

Aujourd'hui, comme toujours, les royalistes ont plus de confiance dans la force, que dans les vérités morales; voilà pourquoi l'école qu'ils ne dirigent pas les effraie.

Proposez leur l'enseignement rationnel, public et gratuit, et ils vous mesureront le budget; ils compteront les dépenses que nécessite l'enseignement gratuit, mais ils grèveront le budget pour répondre aux dépenses qu'imposent leur avarice, leur orgueil et leurs passions.

Exposez-nous le travail des employés à 1200 francs, dont vos administrations regorgent, par rapport au travail de ces parasites à 10,000 francs au moins; exposez-nous le travail de vos sinécures !

Royalistes, vous dévorez les deux tiers du budget pour obéir à des systèmes politiques et religieux qui ne peuvent plus être, puisque chaque jour amène contre eux une nouvelle attaque, et avec elle une nouvelle défaite.

La raison, la conscience, la morale, la religion imposent le budget de l'école.

Faites-nous connaître le principe qui vous impose le budget de vos gratifications.

La République fait du budget la rente de la nation ; la monarchie en fait la pâture des courtisans ou une puissance active contre le peuple.

La République veut que le budget soit destiné à instruire, à moraliser, à servir la nation.

La monarchie n'a jamais employé son budget qu'à se créer des points d'appui, c'est-à-dire à la corruption de l'individu, de la famille et de la société.

Que les monarchistes cessent donc d'attacher l'immoralité des hommes sortis de leurs écoles, à l'avenir de la République, et jetant le masque qui les cache dans tous les repaires de leur administration, qu'ils soient moraux, eux qui prétendent agir suivant les principes de la morale.

Du reste, s'il ne changent de principes, bientôt nous changerons leurs théories, car nous sommes nombreux, et nous travaillons à devenir vertueux.

Alors les rôles seront changés, et ceux qu'ils auront livrés à l'infamie, au mépris, au martyre, les traduiront devant le tribunal de la conscience humaine.

Nous sommes nombreux, et qu'ils le sachent, si

nous n'obéissons dans notre entreprise qu'à l'amour du devoir, c'est-à-dire aux sentiments des citoyens les plus dévoués à l'honneur national, nous sommes invincibles.

Les pouvoirs monarchiques ont fait des hommes pour leurs sociétés.

Mais quand les peuples comprendront que la République exige une société pour l'homme, qu'imaginerons-nous pour résister à une force aussi terrible?

Tant de choses sont à faire que nous serions tentés de nous décourager, car comme eux nous pourrions croire que le progrès est une hypothèse.

Mais, associons nos pensées, nos actions aux travaux des citoyens dévoués qui ont placé toutes leurs espérances démocratiques dans l'enseignement; en les aidant, pénétrons nous, comme eux-mêmes sont pénétrés, que l'éducation de l'enfant est la question sociale la plus importante et la plus féconde, et les efforts de tous amèneront bientôt cette éducation aux termes d'une institution nationale.

A des prosélytes succèderont enfin des hommes, c'est-à-dire à l'obéissance la volonté; à l'arbitraire, le droit; à l'inique, le juste; au gouvernement d'un seul, le gouvernement de la morale et de la loi établie sur le droit.

En effet l'homme pense, juge, veut; le prosélyte, simple autant par éducation que par les goûts, souvent fanatique, sincère par ignorance, perfide par bigotisme, ne peut penser et agir que sous les influences des principes et des directeurs qui ont faussé son jugement et sa conscience; il est sans liberté, par suite sans initiative.

Or, sans liberté, sans initiative, point d'institutions libérales; donc toute institution libérale est incompatible avec les goûts et les convictions d'un peuple qui veut un gouvernement républicain sans renoncer aux principes du prosélytisme auquel il obéit, admettant à priori que ces principes sont les seules forces morales de la société.

Donc, si nous voulons des institutions libérales, ce sont nos écoles qu'il faut transformer, puisque pour fonder une république, ce sont les hypothèses du roman social dont nous sommes les héros qu'il faut remplacer par les vérités morales qui sont les axiomes de la science sociale dont nous voulons être les disciples.

Pour atteindre ce but, il faut que les républicains sincères oublient tous les partis intéressés, et ne songent qu'aux droits de l'homme, droits que la nature de l'homme exige, puisqu'ils sont les principes des devoirs que la raison reconnaît, et que la conscience impose.

CHAPITRE III.

CAUSES DE NOTRE STATU QUO.

Nous avons montré précédemment que, de tous temps et à de très-rares exceptions près, notre éducation avait été en général relative à notre fortune, de sorte que le plus grand nombre avait été repoussé de toute étude sérieuse de la philosophie ou de la morale.

Notre éducation ne dépend donc presque uniquement que de notre capital.

C'est à ce vice d'organisation de notre enseignement que nous devons attribuer la marche lente et indécise du Progrès.

En effet l'enseignement étant répandu par des hommes nourris et formés des méthodes et des programmes en rapport avec l'esprit des systèmes politiques et des doctrines religieuses établis ne peut former que des adeptes nouveaux qui deviendront les soutiens plus ou moins puissants de ces systèmes ou de ces doctrines.

L'implacable routine demeurera donc plus forte que la réflexion.

Les usages, les mœurs, les lois, répondant à un état social qui garantit l'égoïsme, l'ambition de ceux qui ont créé l'administration générale, toute tentative de réformes ne peut être qu'une révolte, et tout homme qui en propose ne peut être qu'un monstre, un misérable, enfin un révolutionnaire.

Telles sont au moins les épithètes dont les masses ont honoré les plus illustres travaux de la philosophie, commentés par les ennemis de toute réforme.

D'un autre côté, les mœurs que font naître les pouvoirs régnants ont fait les masses plus passionnées pour les usages admis qu'attentives à rechercher les choses meilleures.

Elles agissent selon les caprices des forces qui les entraînent.

Elles agissent par influence, jamais par réflexion.

Aussi la parole d'un chef de pouvoir ou d'un chef de bande exerce-t-elle sur l'ensemble des individus plus d'action que ne le pourrait faire dix volumes de saine philosophie.

Cet aperçu psychologique des hommes du présent et des hommes de l'avenir explique suffisamment pourquoi les réformes sont si dangereuses et si contraires aux intérêts de ceux qui les proposent ou les accomplissent.

Ajoutons à ces réflexions, celle que peut faire naître l'influence que le crédit individuel exerce sur les instincts de l'homme aux prises avec la misère et nous aurons une idée assez juste de la grandeur des résistances qui s'opposent à la marche de la vraie civilisation.

Considérons ces résistances et admirons le courage

de ce peuple et de ces hommes qui de trois ennemis de la liberté en ont vaincu deux au premier choc la monarchie et la noblesse.

Rendons-nous dignes de nos pères en donnant au capital que nous avons créé la place qui lui est due et au clergé qu'ils ont dompté l'organisation et la discipline sociale que la morale chrétienne lui impose et nous assurerons l'avenir.

Le capital et le clergé tels sont les deux centres vers lesquels nous devons diriger toutes nos forces.

En effet, le capital de nos jours, c'est la noblesse d'autrefois, et le clergé d'aujourd'hui c'est la monarchie latente.

Tous deux sont l'école. C'est l'avenir.

Or si nous n'anéantissons pas les relations immorales du capital avec l'enseignement, nous abandonnons le progrès à la merci de ceux qui, ayant le capital, ont la puissance, et nous obéissons à la parole de ce ministre complaisant de la monarchie constitutionnelle : « Enrichissez-vous. »

Et l'étude de la philosophie et de l'histoire, c'est-à-dire la science sociale continuera à appartenir à ceux qui sont conviés aux orgies du pouvoir.

De sorte que tous les hommes qui acquèreront les connaissances nécessaires et suffisantes pour écrire l'histoire et surtout l'histoire de 89, seront ce qu'ont été leurs prédécesseurs, des amis peu clairvoyants ou des ennemis décidés de notre révolution.

Si nous voulons nous convaincre de ces tristes relations entre les facultés psychologiques de la nation et le jugement particulier à chaque individu, rapportons-nous en à l'expérience qui, en cela, sera plus persuasive que tous les raisonnements et consultons tous ceux qui ont voulu traiter ce colossal sujet.

Consultons ensuite les classes aisées sur leurs appréciations de cette grande époque et voyons si nous ne sommes pas convaincus que ceux qui veulent juger cet instant sublime de la nation n'ont que des renseignements du Clergé et de ses acolytes, puisqu'ils ne peuvent voir dans cette merveilleuse révolution qne des crimes ou des criminels.

Cependant il faut étudier ce soubresaut de la civilisation ou renoncer à défendre la cause du droit.

Mais que faut-il faire pour en faire une étude même superficielle mais sincère ?

Il faut recourir au *Moniteur* et aux écrits contemporains. C'est là qu'avec une étude peu approfondie nous nous convaincrons que si le patriotisme et l'amour de la Liberté avaient pu vaincre les résistances que l'iniquité fait naître, depuis 89 la science sociale aurait transformé nos mœurs et établi l'équilibre entre nos lois et nos institutions.

Par cette étude, nous nous prouverons jusqu'à l'évidence que les abus inouïs de la monarchie sont les seuls coupables des exagérations de principe, des excès de sévérité exercées par nos pères. Or, si nous retranchons ces exagérations, ces sévérités, nous rendons la dictature impossible et par conséquent le premier empire à néant. Dès lors, il nous est démontré que l'empire, notre immoralité actuelle et tous nos malheurs publics ont pour cause unique notre amour de la Liberté combiné avec notre ignorance de la science du Devoir.

Donc si nous voulons profiter des cruelles leçons que nous donne le passé; évitons les erreurs de nos pères et basons nos espérances sur la science du Devoir.

Que les républicains donc qui ont confondu le clergé, la religion, les cultes dans un même jugement dont les prémisses sont le clergé et les cultes reviennent de ce jugement; qu'ils voient dans la religion, la conscience devant Dieu; dans les cultes une forme plus ou moins grossière de la pensée religieuse devant les hommes; dans les clergés, qu'ils voient un ami dévoué du droit et de la vertu, si la forme politique de la nation ne comporte et ne tolère aucune contradiction dans l'enseignement de la jeunesse

Alors les républicains auront des principes et en défendant l'équité contre la loi écrite, tous les hommes, d'accord avec eux, travailleront à dissiper l'ignorance et à éteindre les passions qui, avec les vérités les plus pures, ont fait les utopies les plus pernicieuses.

Une étude loyale prouverait bientôt à tous que la République est le seul gouvernement que peut accepter un peuple qui croit à la vertu et qui n'ignore pas que vouloir fonder et vouloir servir la République, c'est obéir à la conscience [et] à la raison.

De cette manière nous ruinerons cette politique de confusion dont le but est d'enchaîner les peuples au pilori des passions, seule politique praticable pour un gouvernement qui repose sur l'erreur et sur la corruption.

Qu'on attaque la République en soi, et la lumière se fera ; mais que la mauvaise foi des partis ne reproche pas à la doctrine républicaine l'ignorance des hommes, créée par la société dans laquelle nous vivons.

En effet, tant que l'enseignement a été la propriété particulière du clergé catholique, la France a été royaliste. 89 a fait l'enseignement la propriété de la raison ; le premier Napoléon une propriété mixte du clergé et de la raison.

Le clergé et l'université ont fait de l'enseignement une véritable pétaudière dans laquelle l'enfant n'apprend à être ni philosophe, ni moraliste, ni chrétien ; il est ignorant ou ambitieux, craintif ou téméraire, illuminé ou impie, superstitieux ou fanatique, quand il n'a pas tous ces caractères à la fois.

Les vices moraux des sujets sortis de cette école peuvent-ils donc nous étonner ?

Déclarons donc tous que nous sommes bien les héros de nos institutions et que, si la vertu nous est inconnue, c'est que l'école a bouleversé nos facultés psychologiques en voulant avant tout s'emparer de notre conscience ou de notre jugement.

L'enseignement primaire et secondaire ne sont pas par leur nature dogmatiques.

L'étude de la religion est une étude d'autant plus spéciale qu'elle est plus importante ; elle réclame une intelligence déjà formée, un jugement sain et une raison déjà avancée dans les sciences spéculatives.

L'étude de la religion faite par un esprit grossier est une étude aussi nuisible que dangereuse aux applications des règles du droit. Aussi le catéchisme ne produit-il que des croyances plutôt superstitieuses que pieuses qui enfantent une trop longue série d'opinions négatives.

Ainsi l'athéisme, le matérialisme, le positivisme, la libre-pensée d'une part ; une théorie pour défendre les intérêts personnels ou de castes de l'autre, tels sont les deux produits des écoles que l'homme rencontre dans la société, c'est-à-dire dans la vie pratique.

Formé par un philosophe sans principe, l'enfant devient un homme sans conviction, chez lequel la passion et la raison donnent naissance à un mélange bizarre dans lequel on reconnaît l'amour du droit combiné au plus brûlant égoïsme.

Formé par des enseignements religieux systématiques, il perd la liberté de son jugement, il devient le point d'appui des pouvoirs politiques cachés sous le masque de la morale et de la religion.

Que faire ?

En vertu de ses qualités morales, naturelles, il accusera les premiers.

En vertu de son amour inné de la justice et du droit, il maudira les seconds.

Telle est la cause et la matière du grand combat social dont les armes sont l'orgueil des uns, l'égoïsme des autres, les passions et l'intérêt de tous.

Cet état d'immoralité nous paraît inséparable de tout enseignement dont la méthode intéressée a pour fin de créer des prosélytes aux corporations sacerdotales, à quelque système, à quelque doctrine qu'elles appartiennent; attendu qu'avec cet enseignement, les prétentions de l'Église mettent en échec les devoirs de l'Etat, et combattent ou ruinent les applications des principes qui font naître la connaissance des droits de l'homme.

Mais si, au contraire, nous voulons l'Eglise dans l'Etat, ne faut-il pas :

1° Introduire la morale dans l'enseignement des sciences sociales en lui rendant son caractère, c'est-à-dire en la rendant indépendante de tout enseignement systématique ou intéressé.

2° Distinguer et séparer les sciences morales des doctrines religieuses (1).

Tels doivent être les premiers actes d'un gouvernement qui n'administre la société que pour l'amener à l'heureux état que doit créer l'ordre moral.

En effet, les intérêts des castes royales et sacerdotales n'auraient plus pour juges que l'histoire, la philosophie et la science.

1. Voir le *Clergé et la Démocratie.*

La pensée nationale, dégagée des étreintes que l'enseignement de ces castes impose à la foule immense que la misère jette dans ses écoles, ainsi qu'à tous ceux qui doivent recevoir les bienfaits de l'éducation selon la méthode, les programmes et les classiques que ces castes ont inventés, ne tarderait pas à mépriser les convictions ridicules dont la force actuelle est assez puissante pour entretenir des causes formidables de discordes dans notre malheureuse société.

Les convictions établies par l'expérience et jugées par une intelligence affranchie de tous préjugés simplifieraient singulièrement la question politique en la ramenant à ces deux termes : République ou Monarchie.

La monarchie, il est vrai, se présenterait encore sous des formes dictinctes, soit la monarchie qu'on désigne sous le nom de légitimité avec ses divers degrés, soit la monarchie d'aventure qu'on désigne sous le nom d'élective ; mais la monarchie dite légitime n'étant dans son origine et dans sa nature rien autre chose que la monarchie d'aventure, rejeter l'une, c'est condamner l'autre.

Il ne resterait donc que la république et des républicains.

Alors la société, bannissant de son langage politique les qualificatifs de blancs, de bleus, de rouges, de radicaux, etc., etc., anéantirait la cause la plus active de nos discordes civiles, politiques et sociales.

Cette classification d'opinions inventées pour des

intérêts théocratico-monarchiques, parce qu'ils sont suffisants, sinon pour corrompre, du moins pour dévoyer la pensée politique de la nation, est certainement l'arme la plus puissante que les ennemis du Droit puissent employer sur les cœurs étroits ou sur les opinions intéressées.

Or, ces cœurs étroits, ces opinions intéressées ont aujourd'hui un nom, un parti par suite de l'action et des espérances; ils ont un but, qu'ils appellent un drapeau, le Bonapartisme.·

Les hontes de Sedan, de Metz, la perte de deux de nos plus riches et plus belles provinces, cinq milliards payés aux Prussiens, la perte de tous nos vaillants frères armés pour sauver la Patrie, tels sont leurs nouveaux trophées avec lesquels ils prétendent faire du peuple français la dupe de leurs ruses, de leur lâcheté, de leur immoralité, de leur égoïsme. Leur misérable idole a préférer livrer la nation à l'ennemi plutôt que n'en être pas le tyran; eux préfèrent le déshonneur de la patrie et la ruine du pays plutôt que n'en être pas les rongeurs.

Ils espèrent offrir au siècle prochain le triste exemple de notre corruption et perpétuer ainsi les surprises infernales des familles napoléoniennes.

Ce nom néfaste à la France et à la Liberté, qui ne peut régner qu'en exploitant les plus nobles sentiments du peuple au profit de tout homme sans conscience, sans patriotisme, et dont toute la vie morale se résume dans la recherche unique des moyens à employer pour vivre dans ce que les hôtes de Gorgias appelaient le bien-être.

Tels sont les hommes du comité de l'appel au peuple et, hélas! qui n'ont que trop d'écho dans notre société en putréfaction.

Rien ne touche ces cœurs faits pour jouir, ni le peuple, ni la patrie, ni la vertu, ni la vérité ne peut arrêter leur conspiration contre le Bien. .

En effet, est-il un spectacle plus navrant que de voir un peuple revendiquer le règne du droit, de la justice, de la liberté, être le jouet ou la victime de sa propre pensée parce que ceux qui le gouvernent ne signalent ses erreurs que pour combattre ses aspirations.

Aussi ne pourrions-nous assez crier à ceux qui se disputent aujourd'hui l'avenir, les républicains, quels qu'ils soient, ne demandent que l'honnêteté dans le gouvernement, et on leur reproche d'être des hommes de désordre! Cependant, l'honnêteté qu'ils réclament qu'est-ce autre chose que la jus-tice, la prudence, la sagesse et la tempérance?

Or, le peuple veut être républicain; il demande l'honnêteté, il en ignore les préceptes; le premier devoir que vous impose l'autorité dont vous êtes dépositaires est de créer les institutions et les lois qui doivent lui apprendre à penser et à agir selon les règles qu'impose l'honnête.

La République ne peut être, comme tous les gou-vernements, que ce que sont les principes sur les-quels elle repose.

Or, le principe non avoué, mais réel des monarchistes, est de faire de la morale une exploitation dont le prêtre est le directeur, le roi le protecteur, le culte l'industrie, et dont les ressources se trouvent dans l'enseignement.

La République, au contraire, n'est possible que si elle a pour principe la morale amenée par les axiomes à l'état de science sociale et de plus il faut que tous les actes de son gouvernement n'en soient que les applications.

La monarchie peut administrer l'Etat avec des principes relatifs, la République ne le peut pas.

Avec la monarchie, la morale devient la protectrice de tous les abus, de tous les esprits faux; elle est une cause formidable de désordres psychologiques, parce qu'elle ne cherche que l'art de trouver vrai et bon ce qui, le plus souvent, est arbitraire.

Les clergés d'accord avec elle, le culte absorbe le sens religieux et l'enseignement de la morale est entouré de tant de causes d'erreur qu'il paralyse les facultés rationnelles de l'individu.

Avec de tels vices dans l'esprit de ses institutions, on comprend combien les attributs de droit divin, de charte constitutionnelle étaient importants à la monarchie.

Il faut, pour gouverner les hommes qui ignorent leurs droits, entourer de prestiges et de mystères l'autorité arbitraire et inique qui les dupe en les gouvernant.

Une monarchie quelconque ne pouvant avoir pour principe constitutif que l'amour du moi garanti par les principes qui le condamnent, ne peut pas s'avouer ; il faut donc qu'elle cache soigneusement sa nature, son caractère, sous l'enveloppe des attributs sans lesquels elle serait entièrement intolérable.

Or, une République qui n'a pas pour principe constitutif la science, est, comme une monarchie, un gouvernément de duplicité.

Comme on le voit, la République est le seul des gouvernements qui ne peut accepter aucun attribut, aucun qualificatif.

Cependant si, pour répondre aux nécessités de notre temps, il est vrai que, étant habitués à considérer pour vrai ce qui est faux, pour juste ce qui est injuste ; enfin, s'il est vrai que notre raison, formée dans les ténèbres de l'erreur, ne nous permet pas de supporter l'éclat des vérités premières, donnons à la République le nom de modérée.

En effet, par républicains rouges, les ennemis de la République entendent-ils des hommes qui, animés de rage et de haine, prétendent fonder le règne de la justice ?

De tels hommes se comptent au nombre des fous ou des scélérats, non au nombre des hommes qui s'intéressent aux destinées du pays.

Par radicaux, entendent-ils des hommes qui veulent changer l'économie sociale et les lois et les mœurs en un instant ; qu'ils les accusent d'ambition ou de folie, d'ignorance ou de contradictions, la logique est inflexible.

Par républicains modérés faut-il entendre des hommes qui veulent amener, avec le temps et la sagesse, des institutions républicaines ?

Oui.

Eh bien! soyons donc ceux-là et nous ne tarderons pas à changer et à corriger toute cette classe d'hommes trompés, abusés, égarés, et dont les égarements ont pour cause les abus dont ils sont victimes, pour excuse les vexations dont ils sont l'objet.

Ces hommes, que l'on ne désigne que sous le nom de radicaux et de rouges, ne sont que des instruments dont Dieu se sert pour châtier ceux qui ne méconnaissent les droits de l'homme que pour affirmer leur égoïsme.

Que l'égoïsme disparaisse et ce ne sont pas les peuples qui refuseront d'obéir avec amour aux saintes maximes républicaines.

Or, s'il est vrai que les vices de la monarchie ont engendré ces divers groupes anti-politiques et anti-sociaux, n'est-il pas évident que tout attribut à la République est appelé à disparaître, et surtout cette expression inouïe de République conservatrice, avec la Monarchie qui les a créées.

Déclarons donc que nous ne connaissons qu'une République et que nous ne lui reconnaissons qu'un principe : le Droit.

Si nous considérons les lois et les constitutions de

notre pays, ce principe est loin d'être les assises d'une République conservatrice.

En effet, le mot de République conservatrice est simplement une contradiction monstrueuse; autant dire République autocrate, impériale, royale, attendu qu'une telle République ne peut gouverner que selon les œuvres de toutes ces formes de politiques arbitraires.

N'est-ce pas en changeant les principes d'un gouvernement qu'on en change la nature?

Or si nous continuons à vivre sous une République dite conservatrice, pourquoi proclamer la République en promettant à la nation de la maintenir toujours sous l'influence des lois, des institutions et des mœurs monarchiques?

D'où vient que de pareilles contradictions sont acceptées par un grand nombre d'hommes qui se croient ou se disent républicains?

Elles ne proviennent que des contradictions que l'égoïsme royal et clérical ont créées entre notre nature et les lois qui la régissent; entre notre éducation et nos mœurs, entre notre conscience et nos intérêts.

Pour nous en convaincre, consultons l'histoire des nations en ce qui concerne l'économie sociale et politique, nous verrons le grand rôle que la papauté et la monarchie ont rempli dans la vie des peuples jusqu'au XVIIe siècle.

Mais pour nous rendre compte de l'esprit de nos lois et de la nature de notre éducation, par quel

travail a été contournée la conscience individuelle
et sociale, il faut introduire un élément nouveau,
c'est-à-dire la révolution opérée par deux hommes
qui, les premiers, ont divulgué la dernière et secrète
pensée de la papauté : Luther et Calvin.

Enfin comparons les nations catholico-romaines
à celles qui ont ployé sous le joug des systèmes religieux d'apparences plus raisonnables et non moins
perfides, et nous pourrons apprécier la nature de
l'influence que les corps politiques et religieux ont
exercée sur les destinées des peuples.

Considérons alors le promoteur des lois, la nature
des intérêts que celles-ci ont protégés, sous quelles
influences ces lois se sont formées, sous quelle puissance surtout elles ont été plus ou moins modifiées,
et il nous sera permis d'affirmer que le progrès
n'est réellement dû qu'aux douleurs infligées aux
peuples par les deux tyrans primitifs de toute société : le prince, le prêtre.

Ces deux premiers maîtres des hommes nous
sont connus par des siècles d'expérience, et si les
mœurs et les lois modernes sont leurs œuvres, ne
pouvons-nous pas déclarer que ces mœurs et ces
lois sont l'œuvre d'une poignée de scélérats cou-
ronnés, servis par des légions de monstres tonsurés
dont l'œuvre dernière a été de réduire l'âme humaine aux limites de l'instinct.

Nous disons une poignée, car nous ne parlons
que de ces hommes qui ont réveillé et appliqué les
principes odieux d'après lesquels les vérités poli-

tiques et religieuses sont devenues les seules armes qui dussent ployer les consciences à la domination de la tiare d'abord, du sceptre ensuite, enfin à la domination combinée de ces deux agents de la conscience religieuse systématique et de la foi politique des peuples.

Il ne faut donc pas en conclure que, nous déclarant ennemis de toute iniquité, nous ne reconnaissons aucune vertu dans les rois, aucune religion dans tous les pontifes, chacun individuellement.

La force des principes républicains est telle que la calomnie la diminue et que l'exagération en change la direction.

Différents de nos adversaires par nos doctrines, ne devons-nous pas leur être opposés dans la défense de nos principes?

Ce ne sont pas les vertus de tous les saints qui justifient les données monarchiques, pas plus que la corruption des hommes ne peut atteindre la sainteté des principes républicains.

Plus heureux d'entretenir notre lecteur des vertus des hommes que de leurs passions, nous pourrions lui offrir une liste de rois sages et débonnaires, et lui retracer la vie de pontifes, chrétiens très sincèrement attachés à la foi, si les limites de notre travail nous le permettaient.

Mais, rentrant dans notre sujet, nous affirmons que les grandes vertus royales et religieuses n'ont rien changé à la nature des principes économiques créés par l'iniquité de leurs prédécesseurs ou de leurs contemporains.

Bien au contraire, ces modèles de vertu relative ou de vertu admise, ont servi de palladium à la corruption sociale, politique et religieuse de tous les gouvernements monarchiques où théocratico-monarchiques.

Ces contradictions s'expliquent aisément.

En effet, l'éducation, l'influence du milieu exercent sur les hommes une si étonnante action, qu'avec la bonne foi la plus sincère pourvu qu'elle soit la moins éclairée, les hommes peuvent supporter et même servir les abus les plus vexat o irs non-seulement sans se plaindre, mais même sans les comprendre.

L'histoire de l'antiquité, aussi bien que l'histoire moderne, fourmillent d'exemples qui corroborent ce que nous avançons ici.

Ces hommes ont pu avoir des intentions très pures; mais tous ont été les défenseurs infatigables du présent. — Ils ont pu être des saints pour les uns, des fous ou des scélérats pour les autres; mais ils ont été des ennemis implacables des réformes.

« Les Rois, disait Saint Bernard, ne sont que les lieutenants du Pape, » et telle était l'opinion de tous les conservateurs de ces temps là.

Aujourd'hui leur opinion est un peu changée dans la forme; mais dans le fond elle est identique; car elle se résume dans l'art de tout ramener à soi, de jouir tranquillement dans le présent sans espérances dans l'avenir : heureux de vivre dans un élat de choses qui leur assure le repos ils demandent à la Morale, à la Religion, à la politique des lois assez puissantes pour arrêter les évolutions de l'esprit humain; mais Dieu s'y oppose; ils affirment l'existence de la vertu et ne cultivent que la perversité.

La France, avec ces sortes *d'hommes d'ordre*, représente Athènes au temps d'Epicure, Rome et Byzance à un autre temps.

CONCLUSION.

La philosophie de l'histoire nous montre donc les conservateurs des temps passés animés du même esprit que celui qui les distingue des hommes libres de nos jours.

Cependant la connaissance du droit, étant devenue commune presque à la nation entière, ils sont de l'avis de tous les hommes qui pensent et ils affirment qu'il faut des réformes.

Les uns en sollicitent, les autres en proposent; tous soutiennent qu'en reconnaître la nécessité est déjà trop.

De là ces oscillations de notre politique qui, si elles ne cessent bientôt, nous mèneront à un véritable cataclysme : le règne du Bonapartisme !

En effet que peut-il sortir de tous ces votes à bascule sur la forme du gouvernement et sur la création de notre constitution ?

Attendons et espérons.

Car si les représentants de la nation ne s'accordent pas sur une constitution franchement républicaine; peut-être se jugeant incapable de rétablir l'ordre moral parviendront-ils à établir au moins l'ordre politique.

Alors, comme le dit un père de [la philosophie

notre constitution politique sera une espèce de tempérance entre la tyrannie et l'anarchie ; c'est-à-dire une constitution où la monarchie, l'aristocratie et la démocratie se combineront.

C'est l'un ou l'autre.

Il n'est pas de forces qui puissent résister à une idée.

Les individus meurent ; mais les idées persistent.

Il faut donc que les peuples disparaissent ou que les idées triomphent.

La France mourra-t-elle ?

Le droit du peuple sera-t-il reconnu ? lui fera-t-on des concessions réelles ou apparentes ?

Là est l'avenir.

Notre époque a une notion claire du droit ; elle en exige les applications.

Ce ne sont pas tant les progrès que nous avons faits dans la science générale, qui la distinguent des époques précédentes, que la connaissance manifeste et avouée par tous les partis de l'existence d'abus et de contradictions dans notre organisation religieuse, économique et politique.

Ces abus, ces contradictions ont pu asservir les cœurs et les esprits, et tant que le peuple a obéi à l'iniquité, quelques hommes ont pu au nom de la loi, enchaîner des millions d'hommes.

Aujourd'hui le temps a tout changé ; des millions d'hommes réclament l'application de la justice à une poignée de parjures dont les aptitudes méritent à peine notre attention.

Autrefois l'hypocrisie et la corruption des rois dominaient sur des peuples ignorants : aujourd'hui la science domine et paralyse les préjugés et l'égoïsme des grands.

L'ignorance a revendiqué les droits de l'homme, l'ignorance a été garottée.

L'intelligence a revendiqué les droits de l'homme, l'intelligence a été martyrisée.

La science revendique les mêmes droits ; il faut la mépriser ou lui obéir.

Que fera-t-on ?

Les ennemis de la République disposent de toutes les forces du pays et ils agissent.

Nous avons tous les principes, et nous demeurons sans actions.

Pourquoi ?

Parce que toutes les doctrines réelles de nos adversaires répondent à toutes les passions à tous les intérêts.

Nos principes exigent l'amour, l'abnégation, le dévouement réel.

Tels sont les motifs de notre captivité et de leur triomphe.

Mais à l'instant où les principes républicains seront enfin réunis en doctrine, les systèmes impies et ignorants qui sont les véritables sauf-conduits de leur corruption leur manqueront, et ils disparaîtront avec l'obscurantisme qui a fait croire aux peuples que l'amour du droit suffisait pour le faire respecter.

Les royalistes ont couvert la France d'écoles congréganistes et ils n'ont engendré que l'ignorance, l'impiété, l'hypocrisie, des fous ou des criminels.

Depuis 1400 ans que la monarchie gouverne les peuples, les monarchistes n'ont point encore appris à connaître les causes premières de toutes nos dissensions, conséquences logiques de toutes les turpitudes que commettent les membres de cetie œuvre que nous appelons société.

Leur raison aujourd'hui est ce qu'elle a toujours été, c'est-à-dire que leurs jugements sont d'autant plus autoritaires qu'ils sont plus arbitraires.

Observons les grandes administrations qui nous régissent ; dans toutes, nous trouverons deux morales : la morale des principes servant d'ornement à la morale de l'intérêt.

Nous mettons à défi qu'on nous cite une administration, une œuvre qui ne porte ce caractère immoral.

Ce que nous appelons société mérite à peine le nom d'agglomération d'hommes, tant cela ressemble peu à ce que les philosophes anciens (qui, sur ce point sont d'accord avec des théologiens illustres) ont entendu par le mot de société.

Nous pouvons affirmer, il est vrai, que les castes royales et cléricales ont toujours défendu les principes de la morale absolue ; mais nous pouvons affirmer aussi qu'elles n'ont jamais négligé les manœuvres qui peuvent corrompre le sens moral des hommes.

En effet, quelle source d'immoralité plus féconde pour les hommes que des lois et des institutions établies sur des principes absolus et éternels, et n'inspirant que l'hypocrisie pour protéger l'amour du *Moi*.

Aussi les monarchistes n'ont-ils jamais compris l'influence désastreuse qu'exerce cette corporation d'hommes dont la prédication ne repose que sur la vertu et l'abnégation, et dont les casuels, la hiérarchie et les appointements ne dépendant que de l'ignorance des uns, des passions et des vices des autres.

Un culte qui nous inocule une telle perversité dès notre plus tendre jeunesse ne doit-il pas tôt ou tard étouffer le sens moral dans les individus ?

Aussi sommes-nous les plus inconséquents des hommes, lorsque tolérant de tels abus dans le culte religieux nous nous plaignons de l'affaissement des caractères, déjà assez bas, puisque les Bonapartistes, principes des hontes et de la ruine du pays, osent attendre des suffrages de notre corruption.

Quelle moralité peut-on attendre d'un peuple qui vit au milieu des contradictions que lui imposent des lois et des institutions interprétées par des esprits intéressés, dressés selon des contradictions qui séparent la morale de son culte, de son clergé et de son administration générale.

La seule vérité sociale aujourd'hui est l'anéantissement de l'homme pauvre, bien que vertueux, au profit de l'homme vicieux, mais riche; voilà la vérité que défendent comme ils l'ont toujours défendue, ces hommes d'ordre qu'on désigne sous le nom patronymique de conservateurs.

FIN.